AF226625

6°! 880.   Par le marquis de la Gervaisais.

I.

Par le marquis de la Gervaisais.

LA VÉRITÉ DIPLOMATIQUE.

Les angoisses du présent, la peur de l'avenir, poussent à la guerre,

Et la guerre, heureuse ou malheureuse, fera succéder les désastres aux angoisses, amènera le mal en place de la peur. (*De la Guerre*, mars 1831.)

PARIS,

A. PIHAN DELAFOREST,

IMPRIMEUR DE LA COUR DE CASSATION,

rue des Noyers, n° 37.

1831.

La honte prend, à parler des élections et de la presse, des provinces et de la pairie : points de la plus haute importance essentiellement , de la plus grande insignifiance accidentellement.

La colère monte, à voir tant de gens de bord et d'autre, ne songer qu'à leur mesquine personne, et n'agir qu'à son profit, en tout état , par toute voie.

Qu'est-ce que ces choses? qu'est-ce que tels ou tels hommes ?

Celles-là ! rien que des formes bien ou mal appropriées aux conditions présentes de la société , et prédestinées à s'altérer de jour en jour, à varier sans cesse et sans terme.

Ceux-ci ! rien que des ombres se démenant à l'aveugle, dans l'orbite où les jeta le doigt du sort, et vouées tantôt à disparaître soudainement , tantôt à subir mille métamorphoses.

Là , le dédain , ici le mépris , en font bonne justice.

Au fait , au fond, qu'y a-t-il donc?

Il y a que l'être social penche vers le déclin, touche au terme fatal.

« Quel siècle cependant , où depuis les femmelettes jusqu'aux grands hommes, tous sont las de l'existence présente , parce qu'ils ne l'entendent pas ; las d'eux-mêmes, parce qu'ils ne s'estiment plus ; las des autres, parce que les autres leur ressemblent ; portant ainsi le présage certain , donnant le dernier signal que les temps sont à la veille de s'accomplir, et que la société, enfin parvenue au point extrême de débilité dans les esprits, de déloyauté dans les cœurs, va se rompre , se briser , se dissoudre, à travers une épouvantable catastrophe, pour être recréée , sous des formes jusqu'alors inouies , sous un type tout-à-fait étranger. » (*De la Septennalité* , 1824.)

Qu'il y ait ou qu'il n'y ait plus de société : telle est la question, devant laquelle tout s'efface, s'évapore, s'évanouit.

La chance fatale menace des deux bords : la politique intérieure et extérieure couvent également la subversion de l'ordre social.

Au dedans qu'on soit juste ; au dehors qu'on soit sage : ou c'en est fait.

En ce moment, le premier point de vue n'est pas à envisager ; il suffit de rappeler ce qui a été exposé à cet égard.

« En 1830 de même qu'en 1789, les partis politiques, d'abord en lutte contre l'autorité, puis en guerre entre eux, inhabiles à se concilier, impuissans à se subjuguer avec l'art des raisonnemens, ont eu recours à la raison suprême, à la raison des armes.

« On s'est fait vainqueur par le peuple ; et on a été content.

« Comme aussi le peuple s'est fait vainqueur, a sa part ; et il a à se contenter.

« Or, en droit, le peuple paraît plus fondé à se plaindre, à s'insurger, étant en peine pour son existence, au lieu qu'on n'était qu'à la gêne quant à la liberté.

« En fait, rien ne résiste à sa force, d'autant

(4)

qu'elle est aveugle , qu'elle est folle. » (*Les Périls du temps*, 1830.)

. . . .

« Les temps éclos dès l'aurore de la société et mûris à travers tant de phases variées , sont parvenus à l'époque où le vrai principe social est à pratiquer enfin.

« C'est le principe d'humanité, duquel dérivent les principes de liberté , d'égalité, de souveraineté.

« En d'autres jours, la religion , la morale, la pitié, parlent seules en sa faveur.

« En ce jour , le péril commande.

« Les existences agrandies, en dépit des droits, au détriment des besoins de la masse , ont à compatir envers elles-mêmes.

« Car au premier choc de cette masse animée par l'exemple , excitée par le succès, c'en serait fait d'elles. » (*Les Nécessités de l'époque*, 1831.)

. . . .

« Si la guerre a lieu , les désastres ne cessent qu'au terme de l'épuisement , de l'impuissance.

« Les masses ont été mises en mouvement , et se ruent sur les rangs supérieurs.

« Dans la défaite , elles s'irritent, crient à la trahison , exercent leurs vengeances, et s'inondent de sang.

« Après la victoire , elles s'exaltent, crient à l'oppression , défient l'autorité, promènent la licence et l'anarchie en tous lieux.

« Depuis des siècles, on n'est ni juste, ni sage. Le terrible compte serait soldé en peu de jours. » (*Idem.*)

On voit comment le second point de vue se rattache au premier, et tend à le renforcer.

Les périls réagissent les uns sur les autres.

La misère pousse à la révolte ; la révolte entraîne à la guerre ; et la guerre, la misère ensemble ralliées, ont la fin de tout.

Eh bien ! nul n'en fait état. Chaque parti suit sa pointe, sans regarder autour, sans percer en avant.

Dieu garde toutefois de confondre les masses passionnées ou séduites, avec les meneurs possédés d'ambition, voués aux conspirations.

Et à Dieu ne plaise qu'il soit supposé d'aucun bord, que les chefs aient en partage la loyauté, la moralité, la générosité.

Tant il est vrai que partis des points les plus divergens, et nourris des doctrines les plus contrastantes, aussitôt que l'homme est en mouvement, rien que la passion le régit à son insu.

Comme il faut vaincre, tous les moyens semblent bons : dans la mêlée, les principes sont tenus à part et mis de côté ; même les fins s'altèrent, se dénaturent.

A la fois, la société est trahie, et l'humanité est violée.

« Le dogme de la souveraineté, les principes d'égalité et de liberté émanent de la loi essentielle, aboutissent à la fin capitale.

« Et cette loi, cette fin sont rendues en un seul mot, l'humanité.

« Loi divine, fin sacrée ! que les lâches cœurs, que les esprits débiles méconnaissent ou méprisent de tout temps. » (*La Loi des circonstances.*)

Quant à la politique intérieure et extérieure, de même nul motif, nul scrupule d'humanité ne se fait jour, ni dans la conduite et la parole, ni dans la pensée et la conscience.

Le mot existe encore, mais il n'a plus de sens.

Républicains et impérialistes, constitutionnels et légitimistes sont au pair, sont à zéro.

La liberté ou la gloire, l'ordre ou le droit, absorbent l'esprit, possèdent l'ame.

Une idée abstraite, absolue, et par conséquent fausse ou vaine, est tout.

Ce n'est rien que la faim prompte à dévorer les populations, que le sang prêt à inonder la terre, à noyer la civilisation.

Une révolution s'est faite, glorieuse dit-on, propice dit-on.

Mais avant l'acte, mais depuis l'œuvre, qui donc s'est mis à songer que des milliers d'individus seraient, étaient réduits à mourir de faim.

Qui donc vient à imaginer que le devoir, l'intérêt même commandent de donner du travail aux bras, du pain aux estomacs.

Une guerre sera faite, glorieuse sans doute, peut-être prospère.

Et les existences abattues en nombre immense vont joncher le sol, infecter les airs.

Qui donc s'en aperçoit avant, ou se le rappellera après? qui s'en soucie?

Ici, l'exaltation, là l'ambition sont obsédées de tout autre soin.

Que l'Europe devienne libre, que le trône devienne légitime, disent ceux-ci et ceux-là : que je sois ministre, se dit tel ou tel. Et la guerre est prônée.

Après tout, l'holocauste national se tiendra bien loin de l'holocauste impérial : la France n'en viendra pas, en un ou deux ans, à compter par millions, ses enfans immolés.

Puis, n'est-ce pas au poids du sang que se paie la gloire?

Ne faut-il pas à la voix de l'honneur, se sacrifier ou plutôt sacrifier les autres?

Ceci est à noter.

La tribune, la presse ne parlent que d'honneur, de gloire : noble mobile qui enlève, noble fin qui repose.

Aux uns, le prix; à d'autres, les frais.

Qu'on ne croie pas que leurs coryphées, fermant la bouche ou jetant la plume, aillent prendre le mousquet et braver le feu, et saluer la mort.

(8)

Faites plutôt l'expérience : poussez-les dans les rangs, mettez-les en tête des colonnes.

S'il se tire un coup de fusil, s'il se creuse une tombe, que ce soit pour eux.

Aussitôt nos héros aviseront.

Ce n'était point leur compte.

Dans les champs comme dans les rues, ils entendaient seulement faire battre et laisser tuer ces hommes de peine, ces êtres en sous ordre.

Un tel trait manquait encore pour mettre en lumière, pour élever aux nues le grand siècle :

Qu'autant on est généreux du sang étranger, autant on est avare de son propre sang.

« La guerre, plus barbare de nos temps qu'aux temps anciens, en ce que son étendard n'est point élevé par les besoins de l'existence, en ce que ses héros et ses martyrs ne sont point recrutés au sein du dévouement ; et de plus en plus barbare, en raison des progrès de la civilisation, dont le cupide génie, qui se montre si habile à lui fournir de nouveaux instrumens de carnage, reste tellement en retard pour offrir des secours, pour ouvrir un refuge aux victimes de son art : la guerre, néanmoins, dans l'état équivoque et périlleux de l'Europe, est plutôt à considérer dans ses suites indirectes qu'en ses résultats immédiats.

« La société, monument antique dont les bases sont minées, où des brèches ont été ouvertes, et

qu'attaque sans cesse l'action dissolvante du temps,
à chaque nouvel assaut, est ébranlée; sous des
assauts réitérés, serait renversée.

« L'Autriche le savait, l'Europe l'a appris. Dieu
garde de blâmer les puissances d'avoir si long-
temps réprimé les sentimens de justice et d'humanité qui parlaient en faveur de la Grèce : quand
l'ame brûlante de Canning s'est condamnée à l'i-
naction, les froids calculs de la politique sont trop
légitimés.

. . . .

« Ici, qui se trompe se perd. L'Europe est entrée dans une ère climatérique, qui s'ouvrit par
la révolution de France, qui aboutira à la disso-
lution de la société; et les gens à vue courte, à
vue trouble, sont insensés au même degré, en
n'apercevant dans cette crise qu'un épisode for-
tuit, en se promettant à son terme un dénouement prospère.

« Au midi, la Lombardie, et Venise et Gênes,
tout-à-coup changés de régime, impatiens du
joug nouveau, attendent; au centre, la Pologne et
la Belgique, presque toute l'Allemagne, travail-
lées d'idées, disposées de vœux, peut-être ralliées de plans, espèrent.

« La Péninsule, abandonnée à son mauvais
sort, agitée dans des sens divers, ne peut tenir
dans la ligne actuelle, ne sait par quelle voie en
sortir.

« Et l'empire de France, qui fut le premier à se

mettre en mouvement, qui devait le premier rentrer au repos; où les têtes, aussi vaines que vides et antipathiques au vrai, au juste, surtout au possible, se perdent dans les nues, se troublent devant des ombres; l'empire de France, hélas! reste à la merci du hasard, tombe en proie à l'occasion.» (*Le Sort de l'Orient*, 1828.)

Ces lignes, écrites en d'autres temps, à d'autres fins, conviennent de même en des jours, en des cas tout nouveaux.

Tant la vérité sociale, saisie de haut, rendue au large, ramène et confine sous sa loi, les actes ou les faits politiques, éclos d'aujourd'hui et demain évanouis.

Or, voilà la réponse péremptoire à ces boutefeu, ou prétendus légitimistes, ou censés républicains.

Ne nous arrêtons pas aux horreurs banales de la guerre : mort d'hommes par millions, ruine des fortunes et ravage des biens; puis habitude de pillage et de licence; enfin accoutumance au meurtre, appétance pour le sang.

De tout cela, rien n'atteint, ne frappe. Des deux bords extrêmes, il est également entendu que les frais de passage, de transition au régime préconisé, ne comptent pas.

La fin est d'un prix si ineffable, et apparemment le triomphe est si immanquable, qu'il y aurait sottise à répudier tel moyen que ce soit, à s'effrayer ou s'affliger de tels désastres que ce soit.

Sur ce point , les partis hostiles sont en parfaite harmonie , et s'en vont rationnellement , religieusement s'entre-égorger.

Mais que les temps diffèrent ! Rousseau, ce fervent apôtre de la liberté, disait qu'une révolution politique, fût-elle la plus désirable, serait trop chèrement achetée au prix de la vie d'un seul homme.

Bientôt la Législative, la Convention arrivent : et les élèves du philosophe semblent adopter la maxime inverse, que la plus folle chance de liberté légitimait des holocaustes par milliers sur les places, par millions dans les champs.

Ensuite viennent les idéologues, les esprits abstractifs, dont l'œil myope est fixé au bout de la plume, et veille aux lignes qu'elle trace, se doutant peu que la goutte d'encre menace de tourner en un océan de sang.

Allez donc, dévastez les terres, décimez les êtres, dépravez les ames : et cela fait, mettez-vous à régénérer la société, à la réorganiser au gré de quelque système.

Telle est votre mission.

Au sujet de la guerre , il n'y a à parler du parti ministériel qu'à raison des suppositions les moins vraisemblables.

Certes , il sait , il sent par quelle voie marcherait, à quel terme aboutirait la guerre.

Sa fermeté pour s'y soustraire et sa lâcheté à s'y soumettre , l'une de l'autre suivie, attesteraient le crime ou le délire.

Ainsi il serait prouvé que le désespoir ne lui souffle rien de mieux que de hâter sa perte, et de causer la nôtre.

Extrémité la plus ignoble, la plus ignominieuse !

Car il n'arriverait pas dans la guerre actuelle comme dans celle d'Espagne, où le propice triomphe vint absoudre du délit de s'y être prêté par la crainte d'un parti.

Ni même comme dans celle d'Afrique, dont la gloire trop fatale, put cependant adoucir quelque peu l'amertume de la catastrophe qu'elle avait précipitée.

Maintenant apparaît l'opposition de gauche, composée de libéraux ardens de cœur, roides d'esprit, et maintefois ayant pleine raison;

Et de républicains, souvent hommes de conscience ; d'impérialistes , souvent gens sans foi ni loi.

Trois classes hostiles par essence, auxiliaires par circonstance , qui s'accordent dans le combat, sauf à se battre après la victoire.

Leur alliance est ourdie, leur marche est concertée , dans la vue de seconder quelques êtres avides du pouvoir, vraiment à tout prix.

Pour l'instant, les vœux, les plans se bornent au renversement du cabinet, à l'installation d'un nouveau.

Un tel désir, un tel espoir sont bien resserrés dans leurs limites, et de plus n'ont qu'à se reposer sur les promesses de l'avenir.

Toutefois , l'impatience, la pétulance, qui ne prisent que ce jour même, qui ne conçoivent pas un lendemain, s'évertuent outre mesure, se ruent à l'aveugle.

La passion effrénée , forcenée ne tient compte de rien, ne voit de risque en rien : absolue qu'elle est, le relatif, le comparatif ne lui portent point de sens.

Aussi, la fin la plus futile sera poursuivie par les moyens les plus violens.

En vue du triomphe , on ne craint point d'amener une crise redoutée ; on ne craint point de se jeter dans des voies contraires à sa volonté.

Eh ! non, l'opposition de gauche , sauf quelques têtes perdues de républicains et quelques ames gangrénées d'impérialistes, ne veut point la guerre.

Eh! oui, à son entrée au ministère, elle ne songerait plus qu'à l'éviter, à l'éloigner du moins : toute prête à renier tant de diatribes inflammatoires ;

Etant frappée peut-être de la crainte des désastres résultans pour l'Etat ; étant touchée surtout de la certitude de son expulsion prochaine du cabinet ;

Pour se tirer du mauvais pas, ni promesses, ni faiblesses, ni bassesses ne coûteraient.

Mais c'est en vain : il est trop tard.

Vous avez exalté, enivré les têtes ; vous avez parlé de l'honneur français, de la dignité nationale ; vous avez ressuscité le nom de la grande nation ;

Et vous avez soutenu que l'état de trève armée était plus funeste que l'état de guerre ; que la guerre seule devait mettre une fin aux angoisses de toute sorte qu'occasione la trève.

Marchez maintenant, faites la guerre : ou la guerre se fera en dépit, aux dépens de vous.

Ensuite vient l'opposition de droite, isolée par la violence et par la répugnance, de la nation proprement dite.

Laquelle comprend, sous le vague titre de royalistes ou de légitimistes, des sectes exclusives l'une de l'autre et répulsives entre elles.

De même, les meneurs sont mus par l'ambition : et d'autant qu'il n'y a d'espoir qu'en rêves, les rêves tournent au gré des idées. Sous les épaisses ténèbres, chacun se croit le seul.

Parmi tant de romans d'intrigue, les fins étant égoïstes, les voies sont diverses, sont contraires. Nulle alliance n'est ourdie, nulle marche n'est concertée.

A bien dire, aucune secte n'a de plan : le talent manquant à plusieurs, le bon sens manquant à tous.

Il n'y a point de but commun, pas même de but positif. Dans toute la vérité du mot, ce n'est que néant.

Qui dira comment il se peut que n'ayant en face et pour terme que le néant, on s'aventure, dans la vue d'atteindre ce point final, à passer à travers le chaos ?

Ici plus qu'ailleurs, les masses doivent être mises à part, être traitées avec respect.

Honneur, loyauté, dévouement, ont pris siège en leur sein : vertus insignes dont la destinée est de se laisser induire en erreur, de se laisser mener par le mensonge.

Même l'expression de masses n'est applicable que dans un sens générique. Les légitimistes, bien loin de former une masse, un bloc compact, n'offrent qu'un amas de fragmens brisés, broyés.

Nos révolutions successives plutôt que progressives, n'ont pas encore appris à l'Etat et à ses membres, que l'homme fragile et futile, à part, équivalait à zéro ; et que le sens, le poids,

n'appartenaient qu'aux hommes ralliés en faisceau.

Il n'a point été enseigné encore, au parti
triomphant, qu'il n'y aurait de liberté pour personne, là où la liberté ne serait pas à tous; ni au
parti vaincu, qu'il ne lui manquait que du cœur,
pour saisir et tourner à sa défense, les armes que
lui jette la loi.

Vaines et oiseuses paroles! on ne s'assemble
point, on ne s'éclaire point, on ne s'entend point,
on ne s'accorde point.

Qu'il ne soit plus parlé du parti légitimiste : ce
n'est pas même un corps sans ame; le corps lui
manque aussi.

Comme il ne présente ni opinion réfléchie, ni
volonté déterminée, ni conduite soutenue, il
fait beau aux gens d'audace et d'astuce, à monter
sur les tréteaux, à jouer son rôle à leur escient.

Et le parti insouciant ou impuissant ne les dé-
ment pas; et les auditeurs s'y méprennent, sont
dupés.

Voilà donc les journaux dits royalistes en
scène, parlant au nom du parti, se disant ses or-
ganes, se portant forts pour lui.

Ils sont trois ou quatre, chacun proclamant un
système à part, et chacun prétendant soutenir
les vrais principes.

Laissons l'intérieur : bien que le trait d'encre
jeté sur le papier par une plume trop souvent
vénale, ait déjа causé des rixes déplorables, amené

des outrages scandaleux, occasioné des mesures arbitraires.

Ici, la fin est différente : il s'agit de renverser l'ordre nouveau, de rétablir l'ordre ancien.

Certes, c'est licite. Car en fait, rien n'a été sanctionné par un acte réel et patent de la souveraineté nationale ; de sorte que chacun peut porter ou ne pas porter foi à l'assentiment tacite des peuples.

Car en droit, la souveraineté nationale est soumise à ce fatal sort, que chaque citoyen, sans trahir ni devoir, ni serment, peut, à sa volonté, l'attaquer, la combattre.

Le projet est licite : mais est-il rationnel ? a-t-on la force pour triompher ? aura-t-on la paix après avoir triomphé ?

Le projet est licite : il manque que les moyens soient légitimes, soient efficaces.

Or, qu'est-ce que disent ces feuilles, ou du moins la *Quotidienne*, dont le diapason est toujours plus haut, plus aigre.

Rien ne lui coûte, ni mensonges, ni sophismes, ni bêtises surtout. C'est la monnaie courante en ces temps ; de plus, à son coin, il n'en peut être frappé d'autre.

Cette feuille ne cesse de pousser à la guerre, pour quoi que ce soit, contre qui que ce soit.

Il fallait voler au secours de la Pologne, et se frayer une route unie, droite, large, en mettant le feu à l'Europe.

Il fallait réunir la Belgique, et s'attirer la guerre civile au sein de ce pays, la guerre générale avec le continent.

Il fallait protéger le mouvement de l'Italie, et mettre le saint siège à bas, se mettre à dos toutes les puissances.

Autrement, *c'est une trahison, on est criminel* (*Quotidienne*, 12 juillet).

Suivons les conséquences.

D'abord, en s'adressant aux meneurs du parti légitimiste, faisons-leur la leçon.

Toute guerre a deux chances, a l'une de ces fins, ou la victoire, ou la défaite.

Or le désir ne peut se dissimuler, pas même se renier.

Que veulent ces hommes qui parlent au nom, et parlent sans l'aveu des anciens royalistes, attachés de fait au sol, et de cœur au pays?

Rien que la défaite! rien que la conquête!

En rêve, c'est leur joie de voir la France réduite aux abois, foulée sous les pieds; la France implorant la pitié, invoquant la grandeur d'ame.

Et la vaine idée se glorifie, se félicite à l'avance; prenant pour certain que les puissances relèveraient le trône, que les Bourbons reprendraient le sceptre.

Il y a double erreur.

Non, les Bourbons ne reprennent pas le sceptre

teint du sang de France, le sceptre conquis sur l'honneur de France, le sceptre mêlé parmi les dépouilles de France.

Non, les puissances ne relèvent pas le trône antique; du moins à cette hauteur où les siècles l'avaient porté, l'avaient soutenu, l'avaient consolidé, ce semble.

Ici, quelles dures paroles à redire!

« La révolution n'a inspiré aux puissances que deux sentimens de l'ordre passif:

« Le regret amer de ne s'être pas saisi, en 1814 ou 1815, des provinces limitrophes;

« La vive colère d'avoir été compromis deux fois, à raison de la dynastie française.

« Or le regret n'excite point aux risques du combat; la colère se refuse au prix du triomphe.

« Nul espoir ne tente. » (*Novembre* 1830.)

Puis, en France, rien ne tient long-temps; tout change soudainement.

Les puissances n'iront pas refaire une France, amie pour le quart-d'heure, ennemie pendant des siècles peut-être.

Les puissances voudront à la fois réduire l'intensité des forces, atténuer la rudesse des mesures.

Et les provinces de l'Est étant au moins séquestrées, les frontières resteront ouvertes, le pays sera mis sous l'œil, sous la main.

Et ce prince sera alors offert, sera même accueilli, qui porte des souvenirs de gloire, qui n'excite point des sentimens de crainte et de honte.

Laissons ces tristes présages ; supposons la France triomphante.

Bien que cela ne fasse pas le compte de certaines gens, comme les secrets d'en haut n'ont pas dû leur être divulgués, rien n'empêche.

La France triomphante dans une guerre de propagande ! l'Europe libérée de toute autorité et livrée à la licence, à l'anarchie ! ces deux points ne font qu'un.

Mais à quoi donc ont travaillé, à quoi donc sont parvenus les restaurateurs de la royauté, les conservateurs de la société, sinon à hâter l'accomplissement de cette prophétie : *Les rois s'en vont ?* (*Discours de M. Lainé.*)

Ou plutôt de celle-ci, mille et mille fois plus terrible : *Le monde s'en va ?* (*Le Dénouement de la Crise*, 1829.)

Les orateurs du républicanisme jouent à la guerre, l'appellent à grands cris, et tremblent qu'elle arrive.

Car ils sont à la fois nourris d'espérances plus plausibles et versés dans la connaissance des choses, fort au-dessus des écrivains de la légitimité.

Cependant, voulant se rendre les maîtres, ayant la France à mener, il leur faut garder un ton haut , et renfermer les craintes , et garantir le triomphe.

Si bien qu'à faire pressentir la probabilité des revers, aussitôt le verbe viendrait à éclater, à foudroyer, couvrant les accens de la voix.

Accordons-leur, assurons-leur la victoire pleine, entière, complète, parfaite.

Qu'en feront-ils ? ou que fera-t-elle d'eux ?

L'Europe est révolutionnée : soit.

Un instant suffit à détruire : les siècles échouent à reconstruire. La folle main de l'homme abat et rase ; seul, le doigt de Dieu relève, cimente.

« Mais c'est travailler contre soi ; c'est se charger de peines et s'exposer aux risques ; c'est s'obliger à mettre la paix de force, à tenir la liberté à la chaîne. Sot et dur métier ! »

En dedans, au-dehors, que vont devenir les peuples ?

D'abord, en Italie, en Allemagne, il y a nombre d'Etats, dont chacun possède de vieille date sa nationalité, et prétend s'organiser à part.

Ici, la diplomatie en compte vingt ou trente maintenant constitués, lesquels tendent tantôt à se réunir, tantôt à se séparer.

Là, les cinq ou six états, politiquement institués, tendent à se subdiviser au gré des plus chers souvenirs et des ressentimens les plus vifs, en quarante ou cinquante républiques urbaines.

Voyons se dérouler le périlleux drame.

Premier acte. Démarcation, délimitation dès

territoires, à opérer, entre les Etats, par accord amiable, de façon durable.

Puis, au sein de chaque peuplade, ce sont des classes distinctes, des fortunes inégales, des intérêts rivaux, des instincts et des systèmes hostiles; jusqu'à présent tenus en respect, et pour lors mis en liberté, en pouvoir, en droit.

Second acte. Conciliation, combinaison de tant d'élémens répulsifs; et à défaut, élimination, extermination des plus réfractaires.

Enfin, de l'un à l'autre peuple, ce sont des haines, des défiances, des prétentions; lesquelles, au titre de nationales, tournent en une sorte de religion, s'exaltent au niveau du fanatisme.

Troisième acte. Pacification des Etats; soit à l'aide des tiers neutres, s'il en existe; soit à la suite des guerres, des massacres, autant qu'il reste de survivans.

Et ce dernier acte, s'il ne doit pas aboutir à la catastrophe finale, aura à se traîner péniblement à travers les plus affreuses crises.

Or, qu'avez-vous fait?

Prenez l'homme à part. Lors de sa naissance, en tant qu'être social, les préjugés commandent, les passions possèdent; le montrant noble et loyal jusque dans les accès de sa furie.

Dans l'âge de décrépitude, si peu distant de l'âge de maturité, les préjugés cèdent au raisonnement, les passions s'éteignent d'épuisement: le livrant en proie à l'avidité, à la fausseté, à la lâcheté.

Déja l'autorité morale ne régit plus; à peine l'autorité légale retient encore.

Si celle-ci est détruite, la société se voit changée en un bois, en un lieu de guet-à-pens; où tantôt la ruse tend ses pièges, et tantôt la force lève le bras.

Le temps creusa l'abîme : la guerre y précipite.

Prenez les hommes en masse, c'est-à-dire en corps.

Ici, que la théorie se taise ; la pratique parle assez.

C'est la chambre anglaise, habile et prudente par-dessus toute autre, qui jadis s'obstine, au détriment du juste, en dépit du possible, à ramener sous le joug dit paternel, des enfans émancipés de fait et de droit.

Qui naguère persiste à faire une guerre continue : ainsi tarissant les ressources du pays ; ainsi excitant et autorisant l'ennemi à conquérir, à dévaster l'Europe.

Passons à la chambre belge.

Quelle audace ! quelle témérité ! Jaillie des émeutes et jetée entre des abîmes, privée d'alliés et servie par des mercenaires, ayant à ériger un état nouveau, à rallier des peuplades étrangères, que n'a-t-elle pas fait?

Une dynastie déchue, une constitution tramée ; à peine cela compte.

Bientôt apparaît la démarcation solennelle des frontières, à la face de ses formidables voisins.

Le Luxembourg est Belge ; il dépendait du Brabant.

Le Limbourg est Belge ; il appartenait à la Hollande et à Liège.

La Flandre littorale est Belge ; elle était Hollandaise de religion, de langage, de mœurs.

Les motifs se contredisent, la conclusion est uniforme.

Mais qu'il y ait donc en Europe vingt, cinquante, cent chambres de même fabrique, de même étoffe.

Et le feu jaillit des chocs redoublés, se propage comme l'éclair, ne s'assoupit que pour l'instant, ne s'éteint que sous les décombres.

L'esprit se prend avec des mots : frappé du son qu'ils rendent plutôt que du sens qu'ils portent.

Faites résonner les mots de juste milieu, de paix à tout prix : et peut-être renverserez-vous, peut-être remplacerez-vous les ministres.

Et sans doute les mêmes cris seront retournés contre vous ; sans doute des gens nouveaux s'installeront en votre place.

Distinguons. Trouver le juste milieu est chose difficile ; prendre un milieu quelconque est chose nécessaire.

Le milieu n'est que le moyen terme entre les extrêmes.

In medio stat virtus... est modus in rebus.

Or tous les partis agressifs le tiennent sous l'anathême.

Parce que chaque parti, envieux de régner seul, s'attache à exagérer les opinions, à éliminer les contendans ;

Parce que nul parti ne comprend que sa mince séquelle ne peut tenir qu'un instant.

Aussi, à peine triomphant, on le voit se façonner un milieu juste à son escient, un terme moyen peu distant du terme précédent.

Car on ne fait de la révolte qu'afin de se faire

de la puissance ; ou n'attaque l'autorité qu'afin de s'en saisir, de s'en revêtir.

Cela est inévitable.

Les extrêmes se font entre eux la guerre à outrance : l'un ou l'autre extrême n'a point de paix vis-à-vis l'immense masse neutre, inerte, apathique.

Nul extrême ne se soutient qu'en épouvantant et assourdissant la masse neutre, qu'en écrasant ou enchaînant l'extrême inverse.

De même, qu'entend-on par ces mots, la paix à tout prix ?

Certes la paix est sans prix, est au-dessus d'aucun prix. Et dès-lors, à tout prix, il la faut.

Faites la guerre, le monde entier retombera dans le chaos. (Général Sébastiani).

Faites la guerre, il s'en suivra une conflagration universelle. (M. Laffitte).

Faites la guerre, vous aurez peut-être à demander à chaque père son dernier enfant.(M. Odillon-Barot).

Subversion, conflagration, extermination, n'est-ce donc pas à éviter à tout prix ?

Encore, quel est le prix qui rachète de tant de périls ? Quels sont les sacrifices que requiert la paix ?

Le prix coûtant n'est autre que de ne pas attaquer soi-même ; les sacrifices requis sont seulement de ne pas se mettre en grands frais pour des préparatifs hostiles.

« Jamais l'étranger ne prendra les armes, qu'à la dernière extrémité.

« Un roi tombé disait peu encore ; un second dit mille fois plus. Quel sera le troisième, le quatrième ?

« Le problême étant arrivé à ces termes, la solution atteint l'homme même.

« Et l'homme roi tremble d'autant plus qu'il n'est pas fait aux chances de péril.

« Le désespoir seul viendrait à se défendre, alors combattant à outrance.

« De vaines apparences trompent.

« A l'aspect, les précautions, les prétentions ne diffèrent pas.

« Même la peur, afin de se dissimuler, imite les façons de l'audace.

« Il faut éviter de méconnaître comme de mépriser la peur.

« De telles considérations méritent d'être pesées quant au développement des forces militaires.

« Car l'étranger sera sujet à se tromper aussi sur l'intention des préparatifs.

« La France se défie, l'Europe se défiera.

« La défiance réciproque est vouée à attaquer, afin de n'être pas attaquée. » (Novembre 1830).

Ainsi fut exposée l'évidence, d'abord accueillie, puis rejetée, repoussée.

Non pas que l'étranger donnât aucune crainte ; non pas qu'il y eût à protéger, à garantir le pays.

La peur provenait de l'intérieur ; les risques ne menaçaient que le cabinet.

Et soudain deux cent mille hommes sont levés, quatre cent millions sont fondus.

Mais que c'est donc triste, et quant aux motifs, et quant aux résultats !

D'autant plus triste, que de tels soins, de tels efforts étaient superflus pour la défensive, et sont décevans quant à l'offensive.

« C'est sur ce sol que vous êtes destinés à vaincre ; c'est ici que vos armées s'appuieront sur une population immense, intrépide ; c'est ici que les agresseurs n'arriveraient que réduits dans leur nombre, privés de leurs ressources, affaiblis par le trajet.

« Au contraire, si vous allez prendre l'initiative de la guerre, vous vous présenterez au combat affaiblis, privés de l'appui de votre garde nationale, et bientôt aussi de la sympathie des peuples. En respectant les droits de toute espèce, le fardeau de la guerre retombe en entier sur vous : en en faisant supporter le poids aux autres peuples, ils deviennent à l'instant même vos ennemis. » (Le ministre des affaires étrangères, 18 mars 1831).

L'homme ne sent, n'entend que lui-même : il ne pressent pas, ne comprend point autrui.

Prenez tel acte que ce soit.

Ici, l'intention conçue ne met pas en doute que l'impression sera en accord parfait.

Là, l'impression reçue se tient pour certaine que l'intention était tout-à-fait analogue.

L'acteur présume d'après le motif qui l'inspire : l'auditeur conclut d'après les apparences qui le frappent.

En telle sorte que le drame social et politique n'offre, à bien dire, qu'une succession de scènes de *qui proquo*.

Surtout si le motif de l'action n'est pas fondé en raison, comme il n'y a moyen de le concevoir, alors les apparences de l'acte exercent d'autant plus d'influence.

C'est ce qui se rencontre maintenant.

La France arme : tel est l'acte ; quel est le motif ?

Qui donc menace la France ?

Tous les états réitèrent les assurances de paix : chaque état aperçoit les conséquences de la guerre.

Qu'est-ce donc que craint la France ?

Forte en population et en production, encore plus forte de position et de circonscription, la victoire est presque impossible, la conquête est plus qu'impossible.

Comment passer par dessus le corps de ces légions de garde nationale, et franchir à travers des bandes immenses de paysans, et se répan-

dre, se conserver en force dans une pareille contrée ?

Comment la contenir entière et compacte, ou
la partager entre les alliés aussitôt ennemis ?

Il y aurait plutôt à mettre le feu au sol, à le
noyer sous les flots de l'Océan.

Et quant à lui rendre son antique dynastie,
hélas! qui serait tenté de renouveler une épreuve
peu chanceuse la première fois, trop malheureuse la seconde, plus périlleuse la troisième ?

La France n'est point menacée; c'est elle qui
menace. La France ne craint rien; c'est elle qui
est à craindre.

Ainsi sont motivées les présomptions, ainsi se
fondent les convictions.

Car, au loin, il n'est pas possible de croire
que le gouvernement, sans cesse harcelé, afin de
se donner quelque courte pause, aille jeter des
armes agressives à ses ennemis.

Qu'on écoute le *Globe* anglais :

« Nous haïssons les armées : c'est le fléau de
l'humanité : il faut leur chercher de l'ouvrage,
afin que leurs chefs ne découvrent pas qu'il n'est
point dans l'état d'autre pouvoir que le leur;
ainsi la Russie a constamment attaqué ses voisins, afin de donner à ses armées quelque chose
à faire.

Qu'on lise ces vieilles paroles :

« L'axiome *si vis pacem, para bellum,* doit être
pris dans le sens inverse.

« En organisant la guerre, on amène l'anarchie, et l'anarchie détermine la guerre.

« En rétablissant l'ordre, on assure la paix, et la paix consolide l'ordre. » (Nov. 1830).

De même au-dedans, la levée de bouclier intempestive, inopportune annonçait les plus tristes suites.

« Si l'est et le nord peuvent être enlevés, l'ouest et le midi ne se laissent pas faire.

« Les populations sont de même pâte, font une sorte de nation, ont un certain genre de liberté.

« La religion avec ses ministres persécutés, ses rites méprisés, ses temples profanés, se mettra de la partie.

« Et la terreur alors nécessitée enfantera des adversaires.

« Et la licence presque légalisée consumera les ressources.

« Enfin, un tel état plein d'angoisses et de désastres, épouvantera ceux - ci ; repoussera ceux - là.

« Entre ces frères qui se dépouillent, se déchirent, les plus faibles ne verront plus dans l'ennemi, qu'un sauveur.

« L'étranger n'aurait jamais fait la conquête du pays ; c'est le pays lui-même qui se fait sa conquête. » (*Idem.*)

Veuille le ciel qui a réalisé en partie le pronostic, se refuser à l'accomplir en entier.

Mais, aide-toi, le ciel t'aidera.

Mais le besoin de prévenir n'est satisfait que par le talent de prévoir.

Les puissances vont désarmer, dit-on.

Pourquoi donc, si elles n'ont armé qu'à l'imitation, et point en même proportion ?

Comment donc, lorsqu'une portion de leurs peuples s'est déja mise en insurrection?

Comment donc, tant que la France inhabile à se garantir la paix à elle-même, est hors d'état de la garantir à l'étranger ?

L'Europe porte en son sein les sécurités infaillibles de la France, au lieu que la France couve des périls imminens pour l'Europe.

La France, sans armées, lance encore la menace : l'Europe avec ses armées n'est point libérée des risques.

Un orateur de l'opposition a parlé ainsi :

« Quand les troubles de la Pologne seront apaisés, quand la Belgique sera séparée de vous, je sais qui vous attaquera. Maintenant qui peut vous attaquer en Europe? Serait-ce par hasard la Russie? Serait-ce la Prusse, gouvernement sage, qui sait que nous sommes son allié naturel? Serait-ce l'Autriche? elle n'ignore pas qu'avec cinquante mille hommes vous lui donneriez trop d'occupation en Italie. Serait-ce l'Angleterre? quelques bateaux à vapeur suffiraient pour porter des secours à l'Irlande. » (*M. Mauguin,* Janvier 1831.)

A quoi il aurait pu ajouter que l'asservissement

de la Pologne enlèverait des recrues et exigerait des armées ;

Que la séparation de la Belgique la laisserait en alliance, en amitié avec nous ;

Que la disposition de l'Irlande donnerait de plus en plus de l'inquiétude aux Anglais :

Si bien qu'en tout cas, l'orateur serait en droit de s'écrier : *Qui peut vous attaquer en Europe ?*

La France n'avait point à se mettre, n'a point à se tenir en état de défense.

La France manque à la fois et de mémoire et de jugement, en cédant à des craintes puériles.

Eh ! mais, ne lui souvient-il plus des années 1814 et 1815, où ses armées, mises en désordre, dictaient à l'Europe ralliée les conseils de la générosité ?

La force est dans le renom plutôt que dans le nombre des soldats ; la victoire, adonnée à ses drapeaux, fonda un mur d'airain, jeta un abîme de feu au-devant des tentations de guerre (1).

____

(1) Qu'on pénètre aux secrets mal voilés du congrès de Vienne : une seule pensée s'est emparée de toutes les ames ; France, prépondérance ; tel est le cri du for intérieur.

Tout lui est sacrifié, comme si l'oracle avait parlé : rien ne résiste, ni des conceptions mûries par le génie, ni des prescriptions dictées par le sentiment. L'intérêt et le vœu,

Et cet indomptable renom, un instant éclipsé par le désastre des saisons, par le délire des calculs, a été ravivé lors de l'élan valeureux qui triompha de l'Espagne, de l'Afrique.

Tandis qu'en sens contraire, l'éclat emprunté des armes russes s'est effacé, s'est évanoui sous le coup des tentatives mal habiles ou malheureuses, au sein de la Pologne.

Qu'on entende donc comment le renom ou l'ascendant moral, ici élève au double, au quadruple, et là abaisse en même raison la puissance matérielle.

Qu'on entende comment l'ascendant, ici ressenti

---

les liens et les rapports des peuplades fidèles, ne paraissent plus mériter de considération.

Ce n'est rien que la Russie ait dévoré la belliqueuse Pologne, et que la Prusse aille étouffer dans ses bras l'industrieuse Saxe. L'hydre insatiable de la peur requiert sans cesse des alimens; la Belgique ne calme qu'un instant sa voracité; la Norwège, Venise et Gênes tombent sous sa terrible dent. Il ne lui restera bientôt qu'à se rejeter sur le fretin nombreux de l'Océan germanique.

Vains plans, folles idées ! la tourmente de l'Ouest a consommé dans le cours de sa furie, non pas son intensité de puissance, mais sa vivacité d'impulsion. Les phases sociales contrastent entre elles; on verra la révolution s'effacer de la mémoire des hommes, avant d'être rappelée par la rotation des siècles. Se ruiner pour dévaster, se dépeupler pour immoler, se battre pour conquérir et conquérir pour se battre, ne portent d'appas qu'au crime et à la démence (*De l'indomptable renom des armes françaises*, etc. 1815.)

avec orgueil, neutralise l'influence des revers; et là, rappelé par l'épouvante, démoralise à l'avènement d'un échec.

Voilà bien ce que savent, ce que sentent les puissances.

De plus une pensée, la plus simple, la plus juste qu'il se puisse, les domine.

Ce n'est pas la première fois que le monde social se montre en proie à une de ces crises intellectuelles, assez analogues aux paroxismes morbifiques qui sont subis dans l'ordre physique.

Or le passé, que le temps porta à maturité, en retraçant le mouvement des esprits, en raconte aussi le terme inévitable.

Au lieu que le présent, qui n'est pas sorti de l'enfance, ne se sent ému que par les effets, ne se voit point instruit de la fin.

Le passé dit, par l'organe de l'histoire, que ce qui était menait à ce qui est, et que ce qui est mène à ce qui sera.

Autrement, qu'il y a dans le repos une tendance occulte au mouvement, comme il y a dans le mouvement une propension latente au repos.

A cette heure, le mouvement prévaut encore, et se propage partout, sous des formes diverses; si bien qu'à Pétersbourg et à Pesth, des phases marquantes viennent d'éclater.

Eh! bien, la politique impuissante et la patiente diplomatie s'accordent à laisser passer la fougue, se reposent sur l'espoir de la remittence.

Trop éloignées qu'elles sont, de vouloir ramener l'ordre en exagérant le désordre, et de reculer devant les présages de la droite pensée, en
cédant aux rêves de la folle idée.

Trop éloignées, en ce qu'elles ont beaucoup à
perdre, de s'exposer aux risques, de jouer le certain contre l'incertain, de lutter contre le sort
peut-être propice.

A la différence de ces êtres sans feu ni lieu,
sans foi ni loi qui, ne mettant rien au jeu, se jet-
tent au milieu des chances les plus périlleuses, et
tentent à tout hasard la fortune.

Déja quelques symptômes épars et passagers
semblent annoncer l'époque d'adoucissement.

Les Belges, atteints de lassitude et d'inquiétude,
prennent foi dans leur prince ; les Italiens, trop
vite rendus à l'état de calme, du moins se bornent
à la résistance morale.

Et l'Allemagne est moins agitée, et la noble
Pologne est disposée à une transaction.

En France, il n'y a plus que des émeutes d'occasion, un jour bruyantes, éteintes le lendemain ;
en France, l'esprit de corps rallie la garde nationale ; l'instinct du salut guide les classes labo-
rieuses.

Non, les puissances ne sont pas tentées de se
jeter à la traverse, de faire rebrousser le cours
naturel des choses.

L'espérance leur commande l'attente, en même
temps que la crainte leur défend l'attaque.

Toutefois, si les ardens et imprudens amis de la liberté allaient en conclure qu'il faut se hâter, et réparer le temps perdu, et prévenir les temps contraires, il y aurait à leur dire :

Qu'en même raison, les esprits sont moins animés, moins disposés à saluer l'avènement de la guerre, à épouser et servir la cause de la guerre.

Il y aurait surtout à leur dire ces paroles de sir Robert Peel, lesquelles présentent ici des garanties, et là présagent des désastres :

« J'ai tant de confiance dans les progrès de l'intelligence et dans la force de la justice que, selon moi, une contrée quelconque qui provoquerait une guerre inique, une guerre sans motif valide, quelle que fût sa puissance financière et militaire, succomberait devant l'opinion publique qui, mettant de côté toutes les dissensions, et ralliant l'Europe en un faisceau, ferait triompher la grande cause de la paix et de l'équité.

« Je dis de même, avec une parfaite conviction que, si la France, quand elle défendit ses propres droits, quand elle se révolta contre les mesures du pouvoir, avait été assaillie par les puissances de l'Europe pour l'empêcher de se donner un gouvernement de son choix, elles auraient été vaincues dans cette injuste guerre, et que la France aurait accompli ses desseins, en dépit de la confédération générale. (19 février 1831.)

Voilà du sang !!!!

Buvez donc, désaltérez-vous, rassasiez-vous : heureux que vous êtes, la coupe ne sera pas vidée de long-temps.

Les rois s'en vont, le monde s'en va, a-t-il été dit : cela est trop certain, si les bêtises de prince rivalisent avec les folies de peuple.

Quel est cet être, jadis statouder d'une république, puis souverain en retraite, enfin monarque d'occasion ?

Jeté sur le trône par le flot subit des évènemens, il s'imagine y être cloué, rivé à demeure : et partant, il asservit la nation, il opprime la religion, il autorise l'insurrection.

A peine déchu par la force des armes, il se voit déchu aussi par la puissance des traités : pour cause de sévices et d'indignité, la donation à lui faite est annulée.

Peu importe ! cette idée fixe le domine, qu'il est légitime, à la façon des maisons de France, d'Autriche et de Sardaigne ; et qu'à ce titre, il est en droit d'en appeler à Dieu et à son épée.

Malheur à lui ! malheur à nous peut-être !

Après que la force morale a été perdue, il y a peu de chances, à se servir de la force matérielle, si sujette à se retourner contre le bras qui la met en jeu.

Alors que la cause monarchique, se voit tellement compromise, et par ses ennemis et par ses amis, il faut déplorer qu'un mouvement, ce semble entrepris en sa faveur, soit lié à un acte de perfidie.

Comme si c'était que la royauté fût vouée, et de plus se dévouât à périr.

Laissons cela : une autre leçon surgit de ces faits.

Qu'on se rappelle la chambre Belge insultant, bravant, méprisant les bons offices, les bons conseils des puissances unies : et traçant au crayon, des frontières à sa convenance ; et provoquant la guerre, proclamant la victoire.

Enfermés entre quatre murs, échauffés par le contact, ses membres ne doutent de rien, parce qu'ils ne se doutent de rien ; et décrètent à loisir, à plaisir.

Nulles appréhensions n'émeuvent ; nulles précautions ne sont prises. La sonnette du président suffira à faire taire les canons ennemis.

Et maintenant, qu'on remarque, d'une part l'impuissance des moyens de défense, de l'autre, l'épouvante, l'abattement des esprits.

Si bien que sans l'appui à la fois juste et sage des armes françaises, la Belgique passait soudain des prouesses de la langue, à la bassesse des actes.

Mais allez donc, hâtez-vous donc ; parsemez l'Europe, de chambres d'un tel aloi ; placez ces chambres au nombre de cinquante peut-être, en présence, en face.

Entre elles toutes, entre chacune d'elles, il n'y a vraiment lieu à débat, que sur les points de la religion et des mœurs, du commerce et des fabriques, puis des armées et des forteresses, enfin des limites du territoire.

Ce sont pures vétilles; alors surtout que le débat à lieu sous les auspices de la vanité, de la défiance, de l'envie; alors que l'honneur national, ainsi qu'il est dénommé, prend la charge de soutenir la discussion, de dicter la résolution.

Allez donc! quelle gloire que d'élargir, d'aplanir les voies, à l'avènement du sceptre de fer, du bras de fer, bientôt invoqué, partout accueilli, long-temps dominant.

Quelle joie que de recréer l'empire des armes, à la fois instable et despote, de ressusciter l'esprit de conquête, mortel fléau de la civilisation?

Nous n'en sommes pas encore à ce point. Seulement il y a des torts, des fautes à réparer : il y a à remplir ses devoirs, à garantir ses intérêts.

Certes, quoi qu'en disent la frénésie auxiliaire et la perfidie hostile, la France ne devait ni ne pouvait se prêter à la réunion de la Belgique.

C'était se mettre en haine avec les rois, en mépris vis-à-vis des peuples : il n'y avait moyen de résister aux vengeances de la force matérielle et morale.

Mais quelle marche funeste a été suivie.

« Au dehors comme au dedans , le travers est le même : on ne sait point en finir.

« Faudra-t-il donc que la malheureuse Belgique, après avoir donné aux rois absolus, une terrible leçon, donne aussi aux peuples opprimés une leçon, encore plus affreuse ?

« Celle-là qui disposera peut-être à suivre des voies moins arbitraires ; celle-ci qui éloignerait certainement de la plus légitime résistance.

« C'est à la France de juger, alors qu'un sort inespéré l'a préservée des périls menaçans , si son arrêt doit enlever à la Belgique , la faveur d'une pareille destinée.

« Et qu'elle se hâte : car tant d'anxiétés sans cesse renaissantes agitent et divisent les esprits ; de sorte à rendre l'union moins facile et moins durable.

« Qu'elle se hâte, afin qu'il reste encore quelque chance, à celui qui sera appelé au pouvoir, de calmer et contenir les partis, de réunir et reformer une nation avec ces fractions de peuplades. » (*La Belgique*, janvier 1831).

Or, cela était à faire à tout prix, par toute voie.

La transaction avec le prince d'Orange , la formation en république fédérative, s'offraient pour dernières ressources.

Il y avait mieux, mille fois mieux sans doute.

« On est fort vis-à-vis la Belgique, qu'on soit juste aussi.

« On est faible contre l'Europe, qu'on soit donc sage.

« Et qu'on marche en ligne droite, à ciel ouvert.

« Point d'arrières pensées, point de vagues idées !

« Ainsi arrive la foi ; ainsi survient la paix.

« Le signe en apparaîtra, alors que le duc de Leuchtenberg sera agréé, sera accueilli. » (*La Belgique suite*, février 1831.)

Toutefois au point extrême, où les choses ont été amenées, il y a des actions de grâces à rendre au ciel, pour avoir présenté les garanties de Léopold.

De même qu'un tribut d'éloges est dû au cabinet, pour avoir adhéré et applaudi à ce choix : en dépit des déblatérations de ces gens qui ne sentent ni ne pensent, et parlent seulement sous la dictée de l'esprit de parti ;

Et de cet autre si fameux qu'il soit, qui entend procéder au rétablissement de Henri V, en déclamant sur *le mal vouloir de l'esprit qui dominait la restauration,* en déclarant *qu'une odieuse bêtise a reçu et mérité son châtiment ;*

Qui fuyant les risques ou les reproches de la patrie, détache des bords du Léman, cette astucieuse niaiserie, *que c'est un merveilleux choix de*

donner à la Belgique pour maître, un préfet An-
glais protestant.

La France s'est donnée, dit-on, 5oo mille
hommes de guerre.

La France en détache 5o mille, au secours de
la Belgique : elle en finit avec 5o mille, du roi-
telet des Pays-Bas.

La France fait bien.

Refuser la guerre, c'était reculer la paix : ac-
cepter la guerre, c'est amener la paix.

Il y avait aggression, invasion : et au moins
mépris du droit des gens, peut-être manque à la
foi des traités (1).

---

(1) Il y avait un armistice général établi entre les cinq
puissances d'une part, et les parties belligérantes de l'autre:
c'est à l'égard de cet armistice que j'ai employé l'expression
de violation. Le roi de Hollande l'a rompu sans en faire
part aux cinq puissances.....

Le fait est ceci : il y eut d'abord une série de propositions
faites aux deux parties, qui fut acceptée par l'une et rejetée par l'autre. La conférence ayant proposé une seconde
série ; celle qui avait rejeté la première accepta la seconde et *vice versâ.*

Sur quoi, les cinq puissances invitèrent chaque partie à
envoyer des plénipotentiaires pour négocier un traité de
paix. Le roi des Pays-Bas accepta l'invitation, et envoya
des personnes à Londres, avec de pleins pouvoirs: au
même moment qu'il agissait ainsi, il donnait des ordres à

Il y aurait eu défaite des troupes, conquête du pays, et ici soumission prompte ; là insurrection constant.

Alors, il fallait se battre : il fallait défendre, non pas le principe abstrait, mais bien les conditions substantielles de son existence.

Qu'il y ait débat et même rejet, théoriquement parlant, quant au principe de la souveraineté du peuple : d'être vaincu en point de droit, n'empêche pas d'être vainqueur, en point de fait.

Mais la Belgique conquise, la Belgique restaurée, excitait des espérances, apportait des ressources, et déterminait, favorisait les tentatives.

Si bien que la guerre se montrait nécessaire, autant que la victoire se trouvait incertaine.

Honneur donc à la vive et ferme résolution !

On ne sait pas assez quelle influence ineffable, ressort de ce mouvement de l'ame ; qui éclate à l'improviste, à l'insu des calculs de l'esprit.

D'une part, la loyauté de l'intention ne manque pas d'inspirer la foi : de l'autre, la rapidité de l'exécution ne laisse pas d'imprimer le respect.

Seulement la foi, le respect, ces sentimens involontaires, ne devaient pas être altérés, par l'alliage des craintes et des défiances.

Est-ce donc qu'une armée de trois cent mille

---

ses troupes pour envahir la Belgique, et ses plénipotentiaires n'avaient point d'instruction pour en faire part au gouvernement. (*Discours de lord Palmerston*, 6 août 1831.)

hommes ne se prêtait pas de même, à fournir le détachement requis ?

N'est-ce pas que le détachement appuyé sur deux cent mille hommes de moins, remplissait aussi bien la tâche, repoussait plutôt le soupçon ?

Et l'ascendant moral, le renom guerrier, puissances prépondérantes dans l'esprit, se rendaient médiatrices à l'amiable, dispensaient d'imposer la loi.

Pourquoi faut-il, que l'homme si fier et si vain de son être, ne se fie jamais aux moyens de la force intellectuelle, se rejette toujours sur les secours de la force matérielle ?

En tout cas, un tel acte de résolution, porte d'autres fruits encore.

On ne peut le nier : l'état de l'Europe ne présente les caractères, ni de la santé, ni de la maladie, ni de la convalescence.

Quelque vice interne travaille et tourmente : la gêne, l'anxiété s'aggravent d'heure en heure.

Une crise était appelée, espérée, invoquée. Peut-être va-t-elle s'opérer dans le mouvement de la Belgique.

On y voit apparaître le premier symptôme d'une volonté au sein du gouvernement.

Or le vouloir fait le pouvoir : on obéit à qui commande ; on se rend sujet de qui se montre maître ;

En sorte que le parti aggressif, moins âpre dans l'attaque, moins fort en auxiliaires, ne doit plus inspirer autant de craintes aux Etats monarchiques.

Puis, on y verra percer, suivant toutes les apparences, des signes non équivoques de loyauté, de générosité.

A peine Guillaume sera refoulé en Hollande, la Belgique sera évacuée par nos armées.

La gloire n'étouffera plus ses trophées sous un amas de dépouilles ; le triomphe n'ouvrira plus une carrière illimitée de prétentions.

Cette épreuve décisive manquait à fonder les bases, à cimenter l'édifice de l'harmonie politique.

Et cependant, en outre de tant d'avantages, n'est-il pas à présumer que la guerre actuelle, bien qu'entreprise sur une petite échelle, viendra éclairer et rectifier le sentiment instinctif des masses.

L'esprit vit de rêves, se promenant sur les bords emmiellés de la coupe, et se gardant bien de plonger jusqu'au fond empoisonné.

A la suite d'une telle perturbation du monde social, inouïe de tout temps, advenue à l'improviste, les rêves d'autant plus agités voltigent de l'extase à l'angoisse.

1830 et 1831 refont 1814 et 1815, dont le tableau le plus vrai fut rendu par un journaliste allemand.

« Mécontens du présent, les hommes prévoient un avenir affreux : on dirait que les scènes sanguinaires du passé les ont jetés dans une sorte de délire, où l'ame épuisée est tourmentée de visions. Les peuples offrent un singulier mélange de lâcheté et d'audace, de débauche et de dévotion, d'abattement et d'exaltation : ils ne savent s'ils doivent endosser la cuirasse des chevaliers, la haire des moines ou la toge des Romains. Ils essaient d'être tout, excepté ce qu'ils devraient être. »

Ainsi, on veut ce qui n'est pas, et on ne veut pas ce qui est.

On est à la guerre, tant qu'il y a paix : on sera à la paix, aussitôt qu'il y aura guerre.

Déja, ce semble, quelque rémittence a lieu.

La misère, la ruine, l'anarchie ne sont pas encore pressenties. Mais le canon émeut ; l'ame se rappelle l'Europe inondée de sang, la France immolée dans les combats.

Comment ne pas se réveiller au bruit de ces paroles si franches, si vraies :

« Vous serez obligés peut-être de demander à chaque père de famille son dernier enfant, à chaque citoyen la dernière goutte de son sang. »
(*M. Odillon-Barot.*)

« Faut-il que la charge soit imposée par l'irrésistible fatalité, de dire de telles choses?

« La France de 1830 devait plutôt appeler, invoquer le duc de Leuchtenberg.

« N'étant point né de race royale, étant lié à tant de maisons régnantes, son installation n'excitait ni les défiances, ni les inquiétudes, soit au-dedans, soit au dehors.

« Le sort, le ciel peut-être, le fit apte à raffermir la paix générale, à tranquilliser les pays limitrophes.

« Entre les Etats anciens et les nouveaux Etats, la crainte plutôt encore que la haine creuse la ligne de démarcation.

« La France promet, l'Europe promet : d'un bord comme de l'autre, nul ne s'y confie; ne s'y repose.

« Qu'on laisse donc se fonder un trône de même origine, solidaire par essence, intermédiaire au besoin.

« La Belgique effarouche moins en fait de fougue, épouvante moins en fait de masse.

« Sa parole prendra du poids, donnera du poids à la parole d'un Etat trop souvent propagateur ou dévastateur;

« De cet Etat qui menace d'embraser l'Europe au premier caprice, et que l'Europe n'attaque jamais à l'avance qu'afin de se défendre à temps. » (*La Belgique*, janvier 1831.)

Vaines paroles! dans le temps rebutées par la timidité ou la duplicité ; à cette heure répétées à titre de leçon préservatrice.

Or il faut faire du prince de Cobourg, ce qui était à faire du duc de Leuchtenberg.

Il faut faire après que la crise est survenue, ce qu'il y avait à faire à l'effet de la prévenir.

Même, on doit dire que la crise bien manœuvrée portera des faveurs, autant qu'elle annonçait des périls.

Du sein de la Belgique, où vient de percer soudain l'éclair de la guerre, doit s'élever l'étoile de la paix générale.

« Qu'on soit juste envers le faible et sage vis-à-vis du fort.

« Qu'on marche en ligne droite, à ciel ouvert.

« Ainsi se fonde la confiance, ainsi se cimente l'harmonie. »

En Belgique, la force, la sagesse, la justice se seront tenues au pair, on ne doit pas en douter.

Qu'il en soit de même partout !

Qu'il n'y ait plus de ces prouesses soi-disantes qui coûtent beaucoup en écus et rapportent peu en gloire, qui se prêtent à la risée de ceux-là même dont elles devaient satisfaire les exigences ;

De ces prouesses qui aux yeux de l'étranger indiquent la faiblesse au dedans et présagent la mauvaise foi au dehors ;

---

(1) « Cependant la paix de l'Europe ne peut être considérée comme certaine, tant que le gouvernement de France s'imaginera, qu'une montre de guerre, qu'un air de bravade envers les puissances, sont les moyens d'obtenir la

Qui bien qu'à l'encontre des voeux, peuvent, par quelque chance du sort, exciter des troubles, des révoltes, embraser un pays et puis un autre, enfin amener la guerre d'extermination.

Il s'agit de l'expédition du Portugal.

Qu'il n'y ait plus de ces prétentions à réformer l'Europe, à inoculer la liberté, à refouler la monarchie jusque sous les pôles.

Qu'il n'y ait plus de ces aberrations d'esprit, qui confondent la vraie légitimité, créée par le temps, alliée aux mœurs et aux besoins; et la fausse légitimité, décernée par le sabre impassible, ou par la plume moins sensible encore.

C'est la question de l'Italie, jusqu'à présent mal entamée, bien terminée, et sous peu remise sur le tapis, livrée au débat des sophismes.

A ce sujet, pour quiconque veut et sait entendre, il suffira de lire les extraits des feuilles anglaises, toutes libérales, et plusieurs radicales. (Appendix).

Enfin vient la Pologne, qui certes ne fait pas une question vis-à-vis le sentiment ou le jugement, et qui, par malheur, à peine fait une question quant aux moyens, quant aux espoirs.

La France ne peut rien que par la voie de terre, et cette voie est hérissée d'obstacles, entrecoupée d'abîmes.

---

popularité et de se préserver des ennemis intérieurs. (*Globe anglais*, 8 août.)

La France ne peut rien à elle seule, ainsi qu'il est fort bien exposé dans le Courrier français (1).

Tandis que devant la France et l'Angleterre unies, ralliées, la mer aplanit ses flots, et la terre ouvre des routes sûres.

Il faut vouloir ou ne pas vouloir; il faut se résoudre d'après le juste et l'utile, se comporter suivant le possible.

La fin est d'un tel prix que nuls frais ne comptent.

A l'égard de l'Angleterre, qu'on lève ses scrupules, qu'on calme ses angoisses.

Ainsi que les autres Etats, elle craint le retour de l'anarchie en France, de la guerre en Europe;

----

(1) C'est un devoir pour le gouvernement, c'est une espèce de besoin pour le peuple de venir au secours des Polonais. Mais la France peut-elle aujourd'hui s'armer seule pour la défense de la Pologne. C'est là une question peut-être......

Depuis long-temps, les journaux anglais reprochent à la France de ne pas encore avoir pris parti pour la Pologne; ils accusent le gouvernement de lâcheté, ils excitent le peuple au mécontentement.

L'égoïsme anglais exige que nous nous aventurions seuls contre la Russie, la Prusse, l'Autriche; et cependant l'Angleterre, spectatrice immobile de la lutte, s'arrangerait pour prendre sa part du butin; battant des mains si la France éprouvait quelques désavantages, ou s'unissant à ses ennemis pour l'accabler, si la fortune lui devenait favorable. (3 août.)

elle hésite à favoriser une entreprise dont le succès enivrerait les esprits.

Sa pensée, cemme leur pensée, est admirablement rendue dans le Courrier de l'Europe. (Appendice).

Qu'on avise à porter quelque remède au mal ; autrement c'est vouer la Pologne aux dieux infernaux.

En outre, l'Angleterre mercantile, poussée au plus haut degré, à ce dernier degré d'où il n'y a plus qu'à descendre, réagit sur l'Angleterre politique.

Comme une sorte de frémissement, de tremblement vient aussitôt la saisir, à l'aspect même lointain, même incertain de quelque chance de guerre.

De là, sans parler des inquiétudes personnelles des ministres, il lui arrive parfois de méconnaître ses vrais intérêts, de s'exposer dans l'avenir pour s'esquiver au présent.

Eh bien ! qu'on la presse, qu'on la gagne.

Elle s'est liée à la Belgique ; elle est enchaînée avec la Belgique.

Le réfugié du Léman, ainsi que ses nouveaux acolytes, n'a su voir dans Léopold qu'un préfet d'Angleterre, quand il y avait à voir dans la Belgique, une sujette de France.

De tout temps le Hanôvre et maintenant la Belgique, membres presque isolés du corps, sont livrés aux attaques, sont abandonnés aux périls.

La menace portera coup; et les faveurs viendront à l'appui.

Pour Dieu, que la France se résigne enfin à satisfaire ses besoins, même au risque de servir les intérêts de l'Angleterre.

Que tout accueil soit fait à ses fers, à ses charbons, etc., etc., matières premières, dont la main d'œuvre subséquente est décuple, est centuple de la précédente.

Que l'abandon lui soit fait, moyennant quelque retour à prendre sur le continent, des colonies françaises; propriété coûteuse au taux de 40 millions; propriété certaine de sa perte avant peu de temps.

La France agricole et continentale, l'Angleterre industrielle et maritime, sont toujours amies, sont maîtresses partout.

Mais qu'il y a long-temps que cela se dit en vain !

« La France et l'Angleterre, puissances dominantes sur la terre et les mers, puissances régulatrices de la paix, de la guerre, qui n'ont rien à s'envier, qui n'ont point à se craindre, et que menace un seul, un même ennemi, le temps; en restant unies conjurent l'orage, en se divisant provoquent la foudre; et sont prédestinées à se sauver ou se perdre ensemble, à sauver ou perdre avec elles la monarchie, la civilisation même.

« L'Angleterre le sait.

« La France voudra-t-elle l'apprendre ? » (*La Politique Royaliste*, 1827).

« Chose miraculeuse ! aux confins de l'ancien continent, à l'entrée de l'Océan Atlantique, sont assises, sont fixées deux nations qui entre elles se sont toujours estimées, puisqu'elles se craignaient, se haïssaient tant, et qui, vis-à-vis des autres, gardent le niveau en forces matérielles, dépassent le pair en facultés morales ; celle-là qu'il n'y a moyen d'assaillir par terre qu'après l'avoir écrasée sur ses mers ; celle-ci qu'il faudrait rejeter dans la mer plutôt que de la dompter sur ses terres......

« Qu'on y prenne garde : si la France et l'Angleterre, faute d'apprécier leurs moyens et de consolider leur alliance, se refusent à la tâche ou échouent dans l'entreprise, un jour ou l'autre, les crises déréglées de la société européenne viendront les agiter elles-mêmes, les aliéner entre elles, les entraîner dans la lice ; mais sous le rôle d'auxiliaires et non plus d'arbitres, mais pour le soutien de la lutte et non pour le maintien de l'équilibre. » (*La Péninsule en tutelle*, 1828.)

APPENDICE.

Extraits des journaux anglais.

Le nouveau ministère a pour principal objet de sa politique intérieure, la conservation de l'ordre et du calme. Le principe de sa politique étrangère est également éloigné des vues du parti du mouvement, auquel appartenait une part du dernier cabinet. Ce parti s'efforce de provoquer une guerre d'opinion, dans l'espérance que les gouvernemens absolus seraient ainsi renversés : son but est d'exciter les insurrections de toute part ; et pour lors de prodiguer le sang et l'or de la France, à l'aide des insurgens. Ses doctrines de non-intervention, appliquées à toutes les démarches des autres États, constitueraient une intervention perpétuelle, et occasioneraient des guerres interminables. Sans considération pour les relations de voisinage et pour l'imminence des périls, ces doctrines tiendraient le ministère toujours en alerte, pour observer les infractions les plus distantes du principe chéri, et troubleraient la paix du continent entier, pour avancer l'égide protectrice, jusqu'aux points les plus reculés de l'insurrection.

Le ministère actuel, bien qu'il adhère au principe de non-intervention, lorsque l'intérêt ou l'honneur de la France l'exige, a déclaré nettement, que la France n'est point appelée à s'entremettre dans tous les cas où ce principe est violé. Il a expliqué quel est le devoir de la France à l'égard de l'intervention autrichienne dans le nord de l'Italie, presque dans les mêmes termes que nous avons souvent employés dans ce journal. Le ministre des affaires étrangères a distingué les vrais principes de la non-intervention, de ce quichotisme, que le général Lafayette est jaloux d'introduire dans la pratique. (*Times*, mars 1830.)

L'invasion de la Pologne donnera au parti ultra-libéral un nouveau sujet d'accusation contre le ministère. Depuis long-temps ce parti a proclamé que la coexistence de la révolution de France et de l'alliance des rois de l'Europe est impossible ; que la France doit les attaquer ou sera attaquée par eux ; qu'elle doit considérer la cause de tous les peuples combattant pour la liberté comme sa propre cause ; que leurs revers sont ses revers, et leurs victoires ses victoires ; que le principe de non-intervention doit être étendu par la France à chaque peuple , soit qu'il s'approche ou s'éloigne de son territoire ; enfin , que la Belgique , la Suisse, la Pologne et l'Italie doivent être protégées par elle , et invitées à mûrir des institutions libérales sous son immense égide.

Ainsi la presse , la chambre , les écoles et les clubs vont faire résonner plus haut que jamais leurs clameurs guerrières. La doctrine de non-intervention , comme elle est avancée et soutenue par ce parti, admettrait la plus extensive application , et mènerait à des guerres interminables. L'empereur de Russie est roi de Pologne depuis quinze ans. Dans ses tentatives pour soumettre ceux qu'il regarde comme ses sujets , il n'y a point d'intervention, et nulle autorité ne peut dériver du principe de la non-intervention pour marcher contre lui à travers le continent. On devrait se réjouir de la chute du despote ; on doit même assister les Polonais , mais non pas d'après les principes fanatiques de non-intervention.

Le cas de la Belgique peut être donné en preuve. Tant que ce pays n'a été en contestation qu'avec son roi , la politique n'a point agi. C'est seulement quand la Prusse a été appelée au secours d'une des parties , que la France s'est mise en intervention. Son droit était fondé à raison du voisinage et du péril immédiat pour ses institutions, de la part d'un pouvoir qui aurait détruit, à sa porte, des institutions semblables.

Autrement le gouvernement français serait amené au quichotisme, et , comme le chevalier de la Manche , occasionerait plus de maux qu'il ne pourrait en réparer. (*Times* , mars.)

Le parti révolutionnaire trouve une provocation directe dans l'intervention de l'Autriche.

Il oublie seulement une chose : c'est que si l'Autriche envoie des troupes pour réduire les insurrections de Bologne , de Modène et de Parme , elle rencontre une excuse, si ce n'est pas une justification , dans les attaques directes que les révolutionnaires de ces pays ont faites contre sa souveraineté , en proposant l'établissement d'une confédération italienne à ses sujets du Milanais et de Venise.

Cela donne à l'Autriche le droit de les considérer comme ennemis, et de se garantir de leurs complots en les dépouillant du pouvoir de mal faire. Ce n'est plus une intervention dans les affaires d'un état inoffensif ; c'est un acte de défense contre un ennemi déclaré. Soit que l'attaque ait lieu par une proclamation hostile , ou par une armée envahissante , il n'y a aucune différence quant au droit de se défendre.

. . . .

Si l'Autriche réclamait un droit général d'intervention dans les affaires d'Italie, sans condition ni limitation , sa prétention devrait être repoussée : mais si elle restreint ses démarches aux insurgés de Bologne ; de Modène et de Parme, qui prétendent former une confédération italienne , et invitent ses sujets de Milan à se révolter , son droit d'intervenir et de prévenir leurs futures machinations est incontestable. Elle est leur voisine immédiate ; ils forment une alliance dans le dessein exprès de la chasser au-delà des Alpes ; ils répandent des proclamations pour appeler ses sujets à secouer le joug. Il est naturel qu'elle préfère courir les chances de la guerre au danger d'être renversée par des émeutes suscitées en son sein.

Nous serions charmés de voir les Autrichiens rejetés hors de l'Italie ; mais s'ils doivent en être expulsés , laissons les Italiens achever la glorieuse entreprise ; et qu'il ne soit pas permis que la paix de l'Europe soit troublée par les tentatives ambitieuses des ultra-libéraux de France, pour propager leurs principes ou pour établir leur pouvoir, sous le vain prétexte de remplir un devoir politique ou de se garantir d'un danger pressant. (*Times* , mars.)

Il est malheureux pour toute l'Europe que la question de paix et de guerre vienne compliquer les difficultés de l'état actuel de la France , et mettre le parti populaire ,

envers lequel chacun était disposé à sympatiser, mani-
festement en son tort.

La défaite de la France arrêterait la marche de la civilisation pour un demi-siècle : si elle devait triompher,
ce ne pourrait être en moins de trois ou quatre campa-
gnes ; pendant lequel temps, la honte de l'invasion et les
horreurs inévitables de la guerre exciteraient de nouveau
contre elle, les antipathies nationales qu'une longue paix
avait grandement adoucies. Cependant cinq cent mille
soldats démoralisés et brutalisés comme ceux de Napoléon,
auraient inondé l'Europe, et, après avoir enchaîné les
pays étrangers sous des formes de liberté, reviendraient
dans leur patrie pour être les instrumens de quelque
nouvel usurpateur, et lui infliger encore le plus ignoble
esclavage.

. . . .

Le parti de la guerre n'a pas la folie de songer à qui-
chotiser à travers l'Europe, donnant la liberté aux nations à la pointe de l'épée : mais il prétend que lorsqu'une
nation s'est mise elle-même en mouvement, lorsqu'elle
s'est montrée désireuse d'institutions libérales, en ren-
versant le gouvernement existant, et en se donnant, par
ses propres moyens, une constitution populaire ; il prétend qu'alors, il n'est point permis à une autre nation
moins avancée, de soumettre le peuple insurgé par la
supériorité de sa force ; il proclame que la non-intervention doit être soutenue par la France, à titre de règle
inflexible, ainsi qu'elle l'observe elle-même.

Or, la tentative de soutenir le principe de non-intervention contre l'Autriche, dans l'affaire des états du
pape, occasionerait probablement la guerre : et la coopé-
ration d'un peuple aussi efféminé que celui de la Roma-

gne, dans le cas d'hostilités futures, est de si peu de
valeur, qu'il serait insensé d'accélérer l'avènement d'une
telle calamité dans la vue de le protéger. La politique de
la France se borne à couvrir de son égide la Suisse et la
Belgique, laissant les évènemens dans les autres pays
suivre leur cours naturel, et si la guerre doit venir, at-
tendant qu'elle vienne. (*Examiner*, avril 1831.)

La prospérité de la France fera plus de bien en faveur
des gouvernemens en Europe, que ses armes ne pour-
raient faire. A l'égard des Italiens, c'est certainement, un
peuple léger et aimable : la vie a tant d'agrémens pour
eux, qu'ils préfèrent se soumettre à leurs ennemis, plutôt que de hasarder sa conservation. Il est manifeste que
les nobles hommes qui ont tenté de régénérer leurs com-
patriotes, ont été mal secondés par la population.

En un mot, les Italiens ne sont point ardens à se
battre ; nous pouvons en appeler à la désertion de l'armée de Murat, vis-à-vis une troupe proportionnellement
faible. Les Français pouvaient sans doute donner un autre
tour aux affaires, mais au lieu d'être une révolution italienne, ce n'eût été qu'une conquête française. Dans ces
circonstances, le gouvernement français a dû hésiter avant
d'exposer les ressources du pays, à une lutte qui serait
bientôt devenue une guerre européenne.

S'il lui est possible de conserver la paix et l'ordre au-
dedans, une carrière illimitée s'ouvrira à des améliora-
tions de toute sorte. Il se montre libéral et plein de lu-
mières : nous ne doutons pas qu'il donne des encourage-
mens à l'éducation. Or cet exemple ne sera point perdu,

pour les nations étrangères ; et les gouvernemens de ces états seront contraints de l'imiter.

Au contraire, la guerre met en mouvement toutes les mauvaises passions ; les puissances alors paralysées par la France et incapables de la dompter, parviendraient bientôt à faire revivre les haines nationales, à animer les peuples contre les peuples. Aucun gouvernement n'oserait en ce moment entraîner ses sujets dans des entreprises impopulaires contre la France. Si la France ne prend pas l'initiative, elle est en parfaite sécurité. (*Chronicle*, juin 1831.)

Si le gouvernement français a commis des erreurs, l'opposition n'est pas exempte de torts : sa politique étrangère ne tardèrait pas à plonger toute l'Europe dans les horreurs de la guerre. A l'égard de la Belgique, il convient que la France se repose sur sa propre force, plutôt que de reprendre la vieille idée d'arrondir son territoire et d'acquérir des frontières naturelles, ainsi qu'on les appelle, et de répandre ainsi l'alarme dans l'Europe. Elle a agi sagement en ne cédant pas à la tentation.

Quant à l'Italie, il serait plus favorable aux intérêts de la France d'être entouré par des gouvernemens constitutionnels. Mais le pouvoir qui vient de terminer une révolution et qui est ainsi exposé à une immensité de dangers au dehors et au dedans, ne devait pas consumer ses ressources pour le soutien des révolutionnaires d'Italie. Dans tous les temps, c'est une question douteuse que l'intervention dans les affaires intérieures d'une autre contrée. En Italie, il est clair que si les individus les plus éclairés pouvaient souhaiter un changement, les peuples n'étaient pas préparés à les seconder : ils n'ont montré aucune disposition à combattre, bien qu'il fût facile de se défendre dans une contrée naturellement aussi forte.

Si on admet une fois le principe de donner secours à quelque parti dans un pays étranger, comment sera-t-on certain que ce secours ne tendra pas à faire violence à la majorité de la nation ? Ainsi, on peut jeter les fondemens d'une interminable guerre civile, car la majorité s'insurgerait lors de la retraite des troupes.

L'Europe porte trop d'intérêt à la durée du gouvernement actuel de France, pour souhaiter qu'il se jette follement dans une guerre étrangère. Il est évident qu'aucun état ne songe à attaquer la France. En adoptant une politique guerrière, elle pourrait renverser les puissances étrangères; mais ensuite, elle deviendrait l'objet de la haine, comme ennemie du repos du monde (*Globe*, juin 1831).

Extrait du Courrier de l'Europe.

Les ministres des puissances ne désirent pas plus la guerre que les conseillers de Louis-Philippe ; mais il y a une cause permanente qui tient l'Europe en émoi : c'est notre état intérieur. Tout le monde sait que le jour où le parti du mouvement triomphera, il jettera la France hors de ses institutions et de ses frontières, pour pâture à la fermentation qui agite les esprits. Or on ne se fait pas illusion à l'étranger sur la force de ce parti. Les cabinets européens désireraient, nous en sommes convaincus, voir la royauté nouvelle se consolider, s'affermir, acquérir enfin la force nécessaire pour contenir tous ses ennemis ; mais ils s'aperçoivent que cette force ne vient pas, que au contraire la faiblesse de l'autorité s'accroît tous les jours, que le gouvernement ne gouverne pas, que les factions le pressent, le débordent, et l'entraîneront bientôt.

Dans la persuasion où l'on est de voir tôt ou tard le volcan faire explosion au dehors, on se met en mesure pour le refouler et l'étouffer ; on fait des armemens considérables, on prend des positions, on reste campé en quelque sorte. Comme cet état de choses impose de grands sacrifices, les gouvernemens attendent avec impatience le moment où il cessera d'être nécessaire ; mais ils ne le voient pas arriver. Aujourd'hui les élections et les débats de la chambre leur font plutôt prévoir la victoire de l'extrême gauche et par suite une aggression impétueuse de la France, que le rétablissement de la tranquillité et un affermissement du pouvoir existant qui puisse permettre un désarmement général. Dans tous les cas, ce provisoire

écrasant, ce *statu quo* ruineux, cette paix armée si oné-
reuse, ne peuvent se prolonger beaucoup; c'est pourquoi
tous les hommes politiques, ont, dès le principe regardé
la guerre européenne comme le résultat forcé de la révolution de juillet.

Dans cette lutte générale qui commencera peut-être
pour des intérêts et en invoquant des traités, qui de-
viendra par la force des choses un combat de principes,
tout le désavantage sera du côté du premier aggresseur.
Les cabinets le sentent bien; mais les hommes du mouvement ne semblent pas le savoir lorsqu'ils veulent que la
France se proclame l'ennemie des trônes, la libératrice
des nations, et fasse la guerre de prime abord pour établir
partout la souveraineté populaire, comme Mahomet pro-
pageait l'islamisme avec le glaive. Si la France, fidèle aux
engagemens qu'elle a contractés, ne prend les armes que
pour punir des manques de foi ou répondre à d'injustes
provocations; si elle met évidemment ses ennemis dans
leur tort, les sympathies populaires seront partout pour
elle. L'Allemagne, par exemple, ne verra dans la guerre
qu'un complot des absolutistes pour étouffer à jamais
toute liberté. Si elle ne reçoit pas les Français à bras ou-
verts, ses vœux secrets seront pour eux, et elle n'accor-
dera aux souverains qu'un concours froid et languissant.

Si au contraire, la France entre en campagne, comme
on le voudrait, en proclamant l'affranchissement univer-
sel et en provoquant l'insurrection contre tous les gouvernemens existans, les peuples croiront voir renaître les
jours de la convention et de l'empire; et, comme il ne
veulent pas être refondus de nouveau dans le moule d'une
tyrannie démagogique ou militaire, tout en désirant certaines libertés qu'ils n'ont pas, comme ils préfèrent beau-

coup leur état actuel à des révolutions du genre de celles qui leur ont déja été apportées à l'ombre du drapeau tricolore, ils retrouveraient contre la France propagandiste et conquérante l'élan de 1813, que cette fois encore, les souverains seconderaient par leurs promesses. Voilà la véritable position des choses : nos hommes du mouvement l'ignorent lorsqu'ils s'imaginent qu'à la seule vue du drapeau tricolore, toutes les populations se lèveraient en notre faveur, comme si, après tout, nous n'étions pas des étrangers pour elles, comme si elles n'avaient pas leur sentiment de nationalité, leurs mœurs, leurs institutions propres, toutes choses qui seraient menacées aujourd'hui comme autrefois, par notre républicanisme cosmopolite.

Quand le gouvernement français s'est déclaré dès le principe opposé à toute guerre de propagande révolutionnaire, quand les cabinets européens de leur côté, en reconnaissant Louis-Philippe d'abord, puis l'indépendance de la Belgique, ont abandonné hautement le système des garanties mutuelles pour toutes les légitimités, qui faisait le fond de la sainte alliance, les uns et les autres ont agi prudemment. Toute autre marche les eût laissés seuls avec leurs principes contre les sympathies de l'Europe entière, qui a également peur des absolutistes et des anarchistes ; de même que la France, il y a un an, aussi contraire aux violences libérales qu'aux coups d'état monarchiques, a pris parti contre les premiers qui ont eu recours à la force, comme elle eût repoussé toute tentative révolutionnaire contre le trône des Bourbons; ce que malheureusement ceux-ci n'ont pas compris.

Une guerre de principes et de propagande révolutionnaire engagée par nous, donnerait, nous l'avons déja dit, une force extrême à la coalition européenne : elle aurait un autre résultat, non moins funeste, qui serait d'affaiblir beaucoup à l'intérieur le gouvernement qui la ferait. On la croirait avec raison, liée au rétablissement de la république et d'un comité de salut public, choses qui font horreur à la France. Cette opinion provoquerait des résistances, soit passives, soit actives, qu'une convention nouvelle ne parviendrait pas à vaincre, et qui, au moment du danger, livreraient la France à la guerre civile et à l'anarchie. Ces conséquences sont faciles à prévoir ; elles ne peuvent pas échapper aux hommes du mouvement ; et ce sont pourtant eux, les patriotes par excellence, qui, pour satisfaire un orgueil féroce et une exaltation sauvage, ne reculent pas à l'idée des malheurs qu'ils appelleraient sur leur pays. (*Le Courrier de l'Europe,* 8 août 1831.)

POST-SCRIPTUM.

La Belgique est sauvée, est rendue à elle-même ; léguant au monde, entre les bravades de la chambre et les revers de l'armée, la plus mémorable leçon.

La tâche est entamée, sera accomplie : c'est le lieu, c'est le cas d'en finir.

Situation inouie ! Des deux armées contendantes, celle-ci est mise en déroute, celle-là bat en retraite.

Est-ce au signal du ciel, au signal de la France ? De l'un et de l'autre, à bien dire.

Pour cette fois entre mille, ses drapeaux s'élevaient sous les auspices réunis de la justice, de la sagesse : le triomphe leur était dû.

Or la Hollande, la Belgique, sont de même, saisies de honte, frappées de crainte : n'osant plus vouloir, à peine osant désirer.

Pour imposer l'accord, il manque à dicter les termes.

Seulement les termes doivent être fixés, en telle sorte que l'accord n'ait plus à être troublé, à être rompu.

A titre de parties intégrantes de la nationalité, le Luxembourg et le Limbourg appartiennent à la Belgique, moyennant quelque indemnité.

Pour cause contraire, la Flandre Zélandaise et le Brabant hollandais, reviennent à son ennemie.

Certes, la France ne prend pas le prix de son secours, ne tire pas de lucre, du renom de ses armes, n'opère pas un troc de l'honneur contre l'argent.

La France n'ordonne ni la reddition, ni la démolition des forteresses ; n'exige point des stipulations favorables au commerce.

Mais la France conserve ses troupes en Belgique, jusqu'au dénouement final.

L'Autriche s'est comportée ainsi en Italie; la France est autorisée par cela même.

Et voyez! voyez enfin que la justice n'ayant qu'une même balance, il importe de ne jamais faire fléchir un des bassins, sous le poids de la force.

Maintenant, s'il se peut que la Pologne soit vraiment chère à l'ame, entendez comment la servir efficacement.

Vous faites les maîtres : faites-vous aussi les forts, partout et toujours.

S'il n'en était pas tout-à-fait de même, alors il y aurait à transiger ; il y aurait à céder d'une part, pour faire céder de l'autre.

Tous les États monarchiques sont violemment menacés, sont sourdement attaqués : et partant, n'ont qu'à se tenir en force, qu'à se mettre en garde.

Il n'est moyen d'abandonner un pouce de terrain, quand ce minime espace, seul peut-être, sépare encore de l'abîme.

Qu'on ait donc une politique plus large, plus droite.

Qu'on reconnaisse à l'Autriche, le droit de ne pas se laisser expulser, de ses anciens et nouveaux États d'Italie.

Qu'on reconnaisse à la diète germanique, le pouvoir de régler les différens intérieurs de ses contrées.

Surtout que la France désarme, que la France se calme!

Ainsi et seulement ainsi, l'Angleterre et le continent même, seront amenés à intervenir en faveur de la Pologne, à rétablir et garantir sa nationalité.

Versailles, 16 août 1831.

A. PIHAN DELAFOREST,
IMPRIMEUR DE LA COUR DE CASSATION,
rue des Noyers, n° 37.

www.ingramcontent.com/pod-product-compliance
Lightning Source LLC
Chambersburg PA
CBHW051241030726
47595CB00003B/1031